LOS GUARDIANES DEL SER

LOS GUARDIANES DEL SER

TEXTO DE **ECKHART TOLLE**
ILUSTRACIONES DE **PATRICK McDONNELL**

New World Library
Novato, California

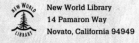 New World Library
14 Pamaron Way
Novato, California 94949

Traducción: Jorge Viñes Roig
Diseño interior: Jeff Schulz / Command-Z Design

Library of Congress Cataloging-in-Publication Data

Tolle, Eckhart, 1948-
[Guardians of being. Spanish]
Los guardianes del ser / texto de Eckhart Tolle ; ilustraciones de Patrick McDonnell. -- 1st New World Library Spanish
language ed.
   p. cm.
Originally published: Madrid : Gaia Ediciones, 2009.
ISBN 978-1-57731-947-4 (pbk. : alk. paper)
1. Spiritual life—Comic books, strips, etc. I. McDonnell, Patrick, 1956— II. Title.
BL624.T633 2010
204'.4—dc22   2010022008

Primera New World Library edición en castellano, octubre de 2010
ISBN 978-1-57731-947-4
Impreso en Canadá con papel elaborado exclusivamente con material desechado y reciclado.

g Estamos orgullosos de ser socios de Green Press Initiative.

10 9 8 7 6 5 4 3 2 1

La verdadera felicidad se encuentra en las cosas simples y aparentemente más triviales.

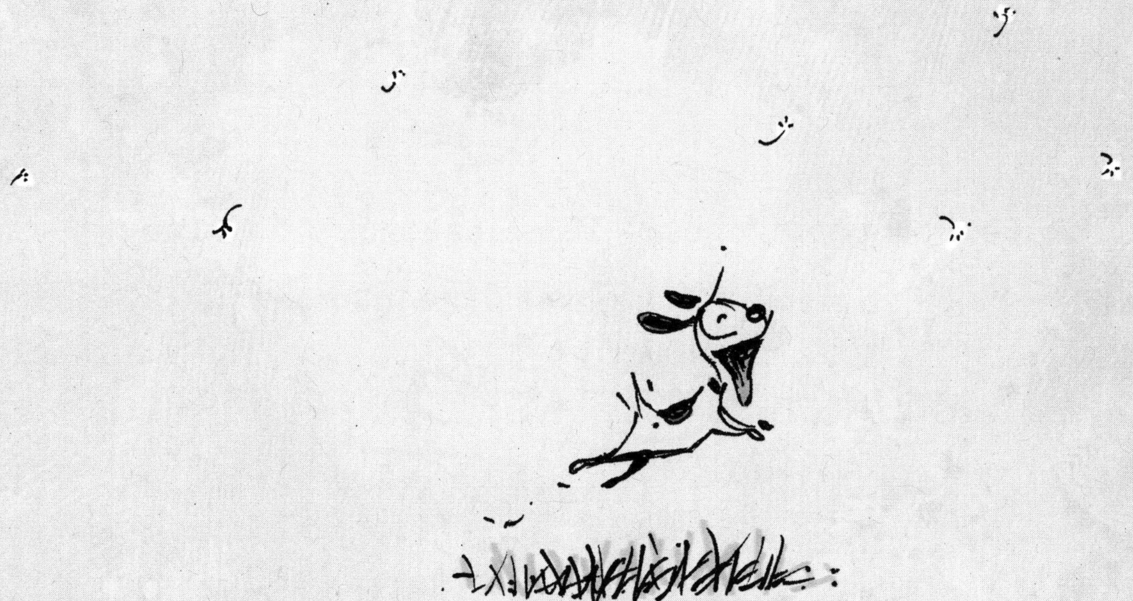

Pero para percibir esas cosas pequeñas y silentes
es preciso estar muy silente interiormente.

Hace falta un alto grado de alerta.

Aquiétate. Mira. Escucha.

Permanece presente.

Pon conciencia en los variados y sutiles sonidos de la naturaleza:

el susurro de las hojas al viento,

el chapoteo de la lluvia,

el zumbido de un insecto,

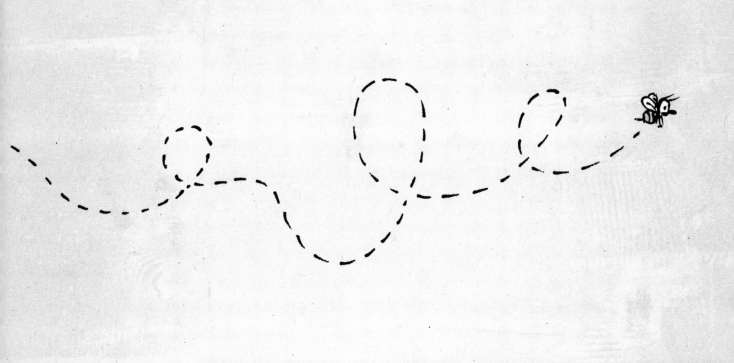

el primer canto de un pájaro al amanecer.

Entrégate por completo

al acto de escuchar.

Más allá de los sonidos

hay una grandeza,

una sacralidad que el pensamiento

es incapaz de alcanzar.

Contempla un árbol, una flor, una planta.

Permite que tu atención repose en ellos.

Percibe su quietud, lo profundamente enraizados que están en el Ser.

Permite que la naturaleza te enseñe a aquietarte.

Todo en la naturaleza —cada flor, árbol
y animal— tiene importantes
lecciones que enseñarnos. Simplemente
detente, mira y escucha.

El simple hecho de observar atentamente a un animal

puede sacarte de la mente y traerte al momento presente,

que es donde vive el animal todo el tiempo:

entregado a la vida.

Es maravilloso observar a un animal,

porque el animal no tiene una opinión de sí mismo. ·

Simplemente, es.

Por eso son tan juguetones los perros

y por eso ronronean los gatos.

Cuando acaricias a un perro o escuchas a un gato ronronear,

el pensamiento amaina por un instante y aparece

un espacio de quietud

en tu interior, una puerta de entrada al Ser.

Todavía no se reconoce plenamente la función
vital que cumplen las mascotas en este mundo.

Mantienen sanas y cuerdas a millones de personas.

Se han convertido en los Guardianes del Ser.

La mayoría de nosotros vivimos en un mundo

de abstracciones mentales, conceptualizaciones

e imágenes prefabricadas; un mundo hecho de pensamientos.

Estamos inmersos en un torbellino incesante

de ruido mental. Pareciera que no podemos

dejar de pensar.

Así como a los perros

les encanta roer huesos,

a la mente humana

le encanta roer sus problemas.

ROE QUE TE ROE
ROE QUE TE ROE
ROE QUE TE ROE
!

"DIVERSIÓN"
PARA
TODA
LA FAMILIA.

Nos extraviamos haciendo, pensando, recordando, anticipando...,

creando así un laberinto de complejidades y un mundo de problemas.

La naturaleza puede mostrarnos el camino de regreso a casa,

el camino de salida de la prisión de nuestra mentes.

Cierra los ojos y pregúntate:

«¿Cúal será mi siguiente pensamiento?»

Y permanece tan alerta como un gato vigilando una ratonera.

Puede que descubras que, mientras estás absolutamente alerta,

no hay siguiente pensamiento que aflore…

AGUARDANDO AL RATÓN.

Y AGUARDANDO, EL RATÓN.

He vivido

con muchos

maestros zen,

todos ellos gatos.

Millones de personas, que de otro modo estarían completamente extraviadas

en sus mentes y en interminables preocupaciones pasadas y futuras, son traídas

de vuelta al momento presente una y otra vez por sus perros o gatos, que les

recuerdan la dicha de Ser.

Hemos olvidado lo que aún saben las rocas, las plantas y los animales. Hemos olvidado cómo ser:
ser en quietud, ser nosotros mismos, ser donde la vida es:

Aquí y Ahora.

El perro vive en el Ahora,

así que puede recordarte o enseñarte a estar presente.

Permanece atento cuando observes a un perro jugar o descansar.

Permite que el animal te enseñe a sentirte como en casa en el Ahora, a

celebrar la vida estando

completamente presente.

El perro aún conserva su estado natural. Lo puedes comprobar fácilmente, ya que tú tienes problemas y tu perro no. Y mientras que tú raramente tienes momentos felices, tu perro celebra la vida sin cesar.

Simplemente mírale el rabo…

Hay perros que basta con mirarlos

—una pequeña mirada es suficiente— para que su rabo se lance a decir:

«¡Qué bueno es vivir! ¡Qué bueno es vivir!»

Y no necesitan estar contándose *por qué* es tan bueno vivir.

Lo saben directamente.

El humano dice «Me amo» o «Me odio».

El perro dice «Guau, guau», que traducido significa:

Soy yo mismo.

A eso lo llamo integridad: ser uno consigo mismo.

El perro no tiene autoimagen, ni mala ni buena;

así que no tiene necesidad de interpretar papeles,

ni de amarse, ni de odiarse.

¡No tiene ego!

Vivir libre de la carga del ego:

¡qué gran enseñanza espiritual!

COMER.  ANDAR.  JUGAR.  DORMITAR.

«La clave de la transformación reside en

trabar amistad con este momento.

No importa la forma que adopte.

Dile sí. Acógelo. Quédate con él.»

¡Ah¡, esa enseñanza fue del perro.

Yo solo la he puesto en palabras.

Permite que tu perro

te saque a pasear todos los días.

Es bueno para el cuerpo y

es bueno para el alma.

Los perros emanan una bondad que resulta muy atractiva para la gente.

Uno de los gozos de pasear a tu perro es que las personas suelen

aproximarse e inmediatamente sus corazones se abren.

Desde luego, no están interesadas en ti.

Lo que quieren es acariciar a tu perro.

Los perros ofrecen a las personas,

incluso a las que están más atrapadas en sus egos,

la preciosa oportunidad

de amar y de ser amadas incondicionalmente.

Han convivido con los humanos durante miles de años, y ahora

hay un vínculo entre perros y humanos

que es más estrecho que nunca.

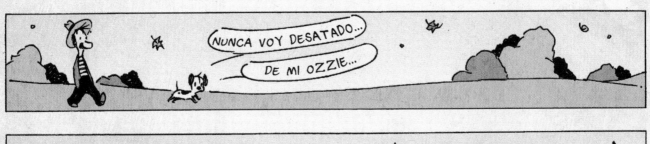

De modo que parte de
su propósito divino es ayudarnos.
Pero ello siempre va en ambos sentidos porque, al vivir con humanos,

también los perros desarrollan su conciencia. Es algo recíproco.

Gracias a que los perros y gatos aún conservan

su conexión original con el Ser, nos ayudan

a recobrar la nuestra. Y cuando la recobramos,

esa conexión original deviene más profunda
y se convierte en conciencia.

No descendemos a un estadio inferior al pensamiento;
ascendemos a uno superior.

La naturaleza te enseña a aquietarte

cuando dejas de superponer sobre ella un río de pensamientos.

Al percibir así la naturaleza, sin poner nombres a las cosas,

sucede un encuentro muy profundo.

SENTADO EN QUIETUD,   SIN HACER NADA,

LA PRIMAVERA LLEGA

Y LA HIERBA CRECE POR SÍ MISMA.

Proverbio zen

Cuando dejas de recubrir el mundo con palabras y etiquetas,

tu vida recupera un sentido de lo milagroso que estaba perdido

desde mucho tiempo atrás, desde que la humanidad,

en vez de emplear el pensamiento, fue poseída por él.

Hay una profundidad que reaparece entonces en tu vida.

Las cosas recobran su novedad, su frescura.

¿Qué tienen los animales
que resulta tan encantador para la gente?
Que su esencia —su Seidad— no está
recubierta de mente, como sucede con la mayoría de los humanos.

Y cada vez que percibes esa esencia en otro,
también la percibes en ti.

Todo ser es una chispa de lo Divino

o Dios. Mira a un perro directamente a los ojos

y siente esa íntima realidad.

Cuando estás presente

puedes sentir el espíritu,

la conciencia una,

en cada criatura, y entonces

la amas como a ti mismo.

Amar es experimentar una profunda empatía

con la «Seidad» del otro.

Te reconoces en el otro,
reconoces en el otro tu propia esencia,

y entonces ya no puedes infligir

sufrimiento a los demás.

No estás separado de la totalidad.

Eres uno con el Sol, la Tierra, el aire.

No tienes una vida.

Eres la vida.

GUAU
ARF...

¡LOS
ÁRRRBOLES!

¡LAS
RRROCAS!

¡LA
HIERRRBA!

EL POLVO,
LOS INSECTOS,
EL CIELO,
LOS PÁJAROS,
EL AIRE...

BIEN...

¡VAMOS
TODOS
A DARRR UNA
VUELTA!

La vida una, la conciencia una,

adopta la forma de un hombre o de una mujer,

de una hoja de hierba o un perro,

un planeta, un sol, una galaxia…

Ese es el juego de las formas,

la danza de la vida.

En definitiva, no estamos separados; y no sólo los unos de los otros, sino de todos los seres vivos: la flor, el árbol, el gato, el perro...

Puedes sentirte en ellos.

Puedes sentir en todo tu propia esencia. Podrías llamarlo Dios.

Hay una expresión, una frase cristiana, que lo manifiesta bellamente…

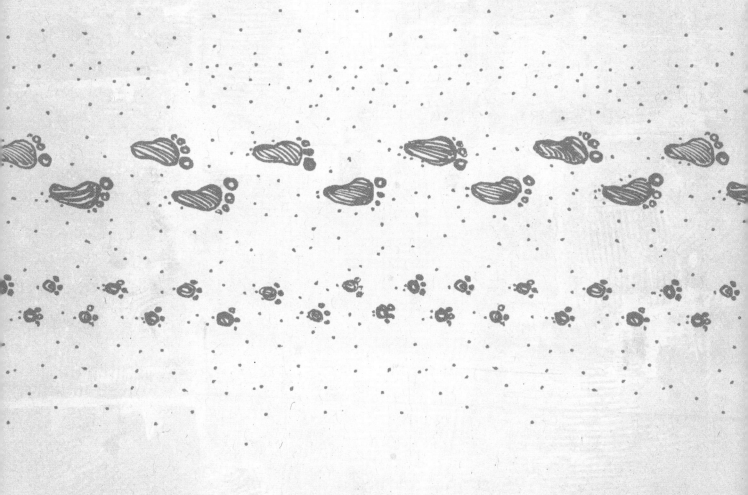

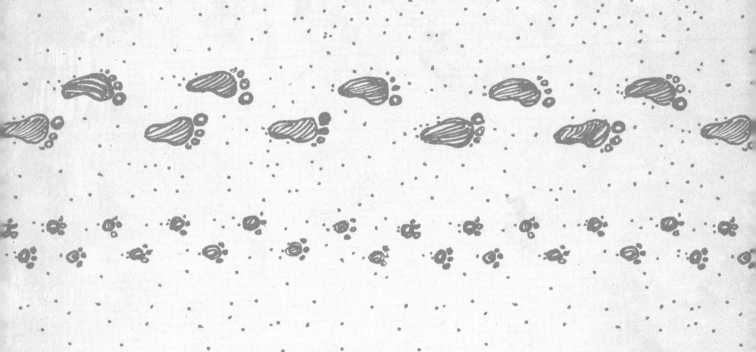

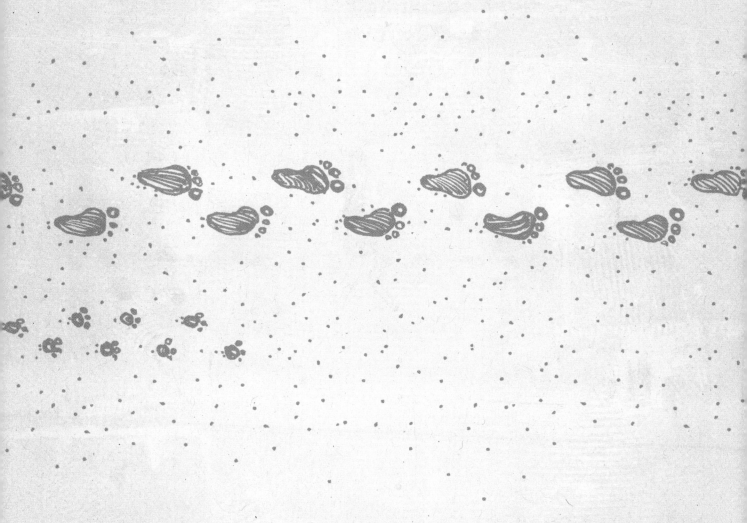

amar al Creador en la criatura.

ECKHART TOLLE

El autor y mentor espiritual Eckhart Tolle nació en Alemania y se educó en las Universidades de Londres y Cambridge. Una profunda transformación interior cambió radicalmente el curso de su vida a la edad de veintinueve años. Ese acontecimiento marcó el comienzo de un intenso viaje interior que lo llevó a dedicar los años siguientes a comprender e integrar esa transformación y a profundizar en ella. Posteriormente comenzó a trabajar en Londres con individuos y pequeños grupos en calidad de asesor e instructor espiritual. Desde 1995 vive en Vancouver (Canadá).

Eckhart Tolle es autor de *El poder del ahora* (obra que fue *bestseller* número uno de *The New York Times* y que ha sido traducida a 33 idiomas) así como de su secuela, *Un nuevo mundo ahora*, siendo ambos textos ampliamente considerados como dos de las obras espirituales más influyentes de nuestro tiempo. Además ha publicado un libro diseñado para la lectura meditativa, titulado *El silencio habla*, y una selección de enseñanzas, meditaciones y ejercicios extraídos de *El poder del ahora*, publicada con el título *Practicando el poder del ahora*. También existe un *pack* titulado *La nueva conciencia: Eckhart Tolle en Barcelona*, que contiene un DVD y un libro que recogen la conferencia que impartió íntegramente en español en Barcelona en 2007.

Las profundas, aunque simples, enseñanzas de Eckhart han ayudado a innumerables personas de todo el mundo a encontrar la paz interior y a alcanzar una vida más plena. En el núcleo de sus enseñanzas subyace la «transformación de la Conciencia», un despertar espiritual que él percibe como el próximo paso de la evolución humana. Un aspecto esencial de este despertar consiste en trascender nuestro actual estado de consciencia basado en el ego. Es este un prerrequisito no sólo para lograr la felicidad personal, sino también para acabar con la violencia y los conflictos endémicos en nuestro planeta.

Eckhart es un conferenciante de gran prestigio internacional que viaja extensamente por todo el mundo. Imparte la mayoría de sus enseñanzas en inglés, aunque también da ocasionalmente conferencias en alemán o en español, idioma este último que habla perfectamente.

WWW.ECKHARTTOLLE.COM

PATRICK McDONNELL

La tira cómica MUTTS [Chuchos] de Patrick McDonnell es una combinación de su amor por los animales y de su amor por el arte de las tiras cómicas. MUTTS aparece actualmente en 700 diarios de todo el mundo y también en el sitio *www.muttscomics.com*. Charles M. Schulz, creador de *Peanuts*, ha calificado a MUTTS como «una de las mejores tiras cómicas de todos los tiempos». McDonnell ha recibido numerosos galardones por su arte y también por su labor en defensa de los animales. Ha publicado más de 20 obras, incluyendo los superventas de *The New York Times* titulados *The Gift of Nothing* y *Hug Time*.

McDonnell es miembro del elenco de directores de The Humane Society of the United States y The Fund for Animals. Vive en New Jersey con su esposa Karen, el felino previamente silvestre *MeeMow*, el felino todavía silvestre *Not Ootie* y su nueva mejor amiga *Amelie*.

WWW.MUTTSCOMICS.COM

OBRAS DE **ECKHART TOLLE** EN ESPAÑOL PUBLICADO POR NEW WORLD LIBRARY

El poder del ahora

Practicando el poder del ahora

La quietud habla

eckhart
teachings

La tarea de las *Enseñanzas de Eckhart* responde a una urgente necesidad de nuestro tiempo:
la transformación de la conciencia y la emergencia de una humanidad más iluminada.
Organizamos las conferencias, seminarios intensivos y retiros de Eckhart Tolle en todo el mundo.
Además, grabamos, patentamos, publicamos y distribuimos CDs y DVDs con las enseñanzas
que imparte en tales acontecimientos. Estamos comprometidos y dedicados a servir a la nueva conciencia
y al despertar de todos los humanos que hay sobre el planeta. Detrás de la forma externa de lo que hacemos,
y detrás de la estructura comercial, subyace el verdadero propósito de la empresa y nuestro: la unión con lo Divino.

WWW.ECKHARTTOLLE.COM